AF392946

VENTE DU JEUDI 28 MAI 1885

A DEUX HEURES PRÉCISES

HOTEL DROUOT, SALLE N° 4

GRANDE RÉUNION

D'ESTAMPES

ANCIENNES ET MODERNES

De toutes les Écoles

EAUX-FORTES MODERNES & LITHOGRAPHIES

OBJETS D'ART ET DE CURIOSITÉ

Livres anciens et modernes illustrés

ROMANS — MUSIQUE

Chevalet — Objets divers

Par le Ministère de Me **G. BOULLAND**, commissaire-priseur,

26, rue des Petits-Champs, 26

Assisté de **M. S. MAYER**, expert, 5, rue Laffitte, 5

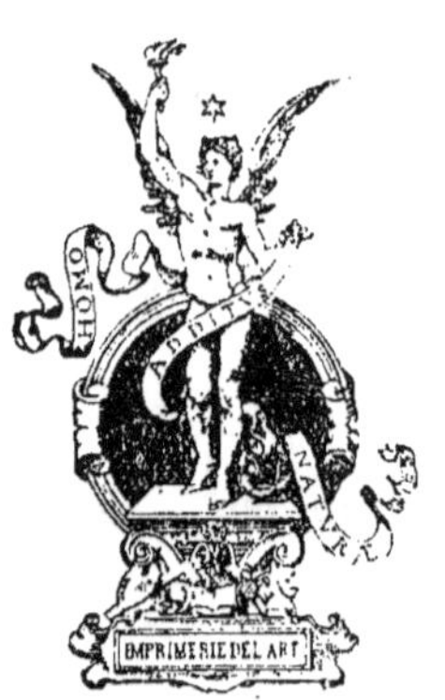

HOMO
NATURÆ
IMPRIMERIE DEL ART

CONDITIONS DE LA VENTE

La vente aura lieu expressément au comptant.

Les acquéreurs payeront en sus des enchères *cinq pour cent* applicables aux frais.

L'exposition mettant le public à même de se rendre compte de l'état des objets, il ne sera admis aucune réclamation une fois l'adjudication prononcée.

Paris — Imprimerie de l'Art. E. Ménard et J. Augry,
41, rue de la Victoire, 41.

DÉSIGNATION DES OBJETS

ESTAMPES

EAUX-FORTES ET LITHOGRAPHIES

1 — Sous ce numéro, un grand nombre de sujets et portraits en tout genre, anciens et modernes, des Écoles française, anglaise, allemande, flamande, italienne, etc., de toutes époques, seront vendus par lots ou par feuilles.

2 — ÉCOLE ANGLAISE. Vestris dansant. Charmante pièce.

3 — ALLART (J.), d'après HODGES. Général Pichegru.

4 — BUCHHORN (1804), d'après ANGELICA KAUFFMANN. Amor and Psyche.

5 — BARTOLOZZI (J.), d'après A. CARRACHE. Clytie.

6 — BAILLIE W. Fecit from the original picture by Gd. Dow published, 1er jan. 1774.

7 — BIERWILER (F. C.), d'après CAMPHUYSEN. Ariston en Fielea. Couleur.

8 — BARTOLOZZI (F.), d'après ZOCCHI. Les Douze Mois.

9 — BARTOLOZZI, en partie d'après A. GUERCINO. Fac-similés de dessins de différents graveurs. Environ 5o planches.

10 — DOSSIER, d'après ALLOU. L'Optique.

11 — GODEFROY (J.), d'après A. TENDI. The Broken promise; The Accommodation. Deux pièces en bistre.

12 — GILLBANK (H.), d'après OPIE. The Death of Sapphira. Splendide épreuve en couleur.

13 — GREAN (V.), d'après W. MASON, Esq. Scène in A country town at time of a race.

14 — HODGER (C. H.), d'après REMBRANDT. De Scheeps Bouwmeister.

15 — HODGER (A.), d'après GUIDO RENI. Ecce Homo. Manière noire.

16 — HASSELT et CARTWRIGHT, d'après WAEMS-
LEY. Old Ware Bridge et Avon dale. En couleur.

17 — HOGARTH (W.). The genuine Works, illus-
trated , With Biographical Anecdotes , A
Chronological Catalogue, and commentary.
by John Nichols (and the cate) George
Steeven, in two volumes. London, 1810.

18 — JOSI (C.), d'après R. WESTALL. Innocent
revenge. Charmante pièce enfantine avec
marge.

19 — JACIUS (J. G.), d'après GUTTENBRUNN. Apollo
and the Muse on mount Parnassus. Sup.
pièce en couleur. Marge.

20 — BARTOLOZZI (F.), d'après CIPRIANI. Génie
couronnant Handel assis à une table.

21 — SHELDRAKE (F.), d'après H. MEYER. Paysage
à l'aquatinte.

22 — SEIDEL (G.), d'après A. V. KLOBER. Amor
und Psyche.

23 — TONCKINS (P. W.), d'après M. COSWAY.
The Birth of the thamer.

*

24 — WILLIAMSON (Th.), d'après R. WESTALL. Telemachus relating his adventures to Calypso.

25 — MACKRELLE (P. L.), d'après BATEMEN. Many A slip twiet the cup and the lip. Couleur.

26 — VAL GREEN, d'après LUDOVICO CARACCI. The placing Christ in the Sepulchre. Belle ép. marq.

27 — POPPEL (I.), d'après DUSART. Jocund peasant et Dutch Cottagers.

28 — TURNER, d'après le lieutenant WILLEMIN. The Battle of Alexandria.

29 — WATSON, d'après VAN DE VELDE. Marine. Manière noire.

30 — WATSORS (C.), d'après EPINE. M. Seddons. Pièce à la sanguine.

31 — VANTHULDEN (Théod.). Composition à l'eau-forte.

32 — Sous ce numéro, un grand nombre de pièces des Écoles flamande et hollandaise, manière noire, burin, eaux-fortes, etc., etc., seront vendues par feuilles et par lots.

33 — Fac-similés, d'après les dessins de maîtres
italiens.

34 — Fleurs, jolies compositions à l'aquarelle,
faites en 1820 et 1825.

35 — Ascoli (G.), d'après PIETRO BENVENUTI.
Sacra famiglia.

36 — STERNI (Ludovico). Il Genio della pittura;
il Genio della scultura.

37 — ALDEGRAVER. Pièces sur l'Histoire sainte.

38 — BOSTIGNONI (G.), d'après RAPHAEL. Les
Dieux sur leur char.

39 — BARETTA (F.), d'après MAINOTA. Philosophie,
médecine, théologie, jurisprudence.

40 — BOSSI (B.). Étude de tête à l'eau-forte.

41 — COLLAERT, DE BRY, C. GALLE, d'après
MARTIN DE VOS. Vita, passio et resurrectio
Jesu Christi.

42 — DEBUCOURT, d'après CARLE VERNET. Grandes
pièces.

43 — DEBUCOURT, d'après DROLLING et VERNET.
La plupart avant la lettre. (Sera divisé.)

44 — EDELINCK (Gérard). Statue équestre de Louis XIV. Avant toutes lettres.

45 — LAMBERT ET BENOIT. La Marchande de citrons; la Marchande de cerises. Couleur.

46 — LEYDE (LUCAS DE). Adam et Ève.

47 — VAN OSTADE (A.). Petite scène de l'École flamande.

48 — PETTERI (M.). Études de tête.

49 — REMBRANDT. Les Chameaux.

50 — REMBRANDT (D'après). Tête d'homme, fantaisie, sujet.

51 — STRANGE (Robert). La Mort de Dido.

52 — VERNET (Joseph). Collection des dix-huit ports de France. Titre de l'époque. Marge. Dans un portefeuille.

53 — LE PRINCE. La Cascade; la Pompe; Halte de Kalmouks.

54 — ZANETTI (A. M). Fac-similés de dessins de nos grands maîtres italiens, en camaïeu.

55 — Sous ce numéro, un grand nombre de

pièces de l'*Artiste* et autres, par Nanteuil, Mouilleron, Raffet, Charlet, Bellanger, etc., vendus par lots. Beaucoup avant la lettre.

56 — Sous ce numéro, RAFFET. Siège de Rome; Voyage en Russie.

57 — RAFFET (1860). Album de Raffet.

58 — ISABEY. Marine.

59 — DURAND. L'Ile d'Elbe.

60 — Châteaux de France.

61 — DUPONT (Henriquel). Portrait de Sauvageot donné à son ami Villot.

62 — LALAUZE. 9 eaux-fortes pour Molière.

63 — Gravures de modes 1825-1830. 32 pièces.

64 — DAMOURETTE-QUILLEMBOIS. Les Filles de marbre, drôleries champêtres.

65 — DAMOURETTE-QUILLEMBOIS. 30 lithographies, caricatures.

66 — FLAMENG. Portraits de la Révolution, 17 pièces.

67 — Six portraits : Taglioni, Don Juan d'Autriche, Léon Gozlan, G. Sand, Fréd. Soulié.

68 — DESENNE. Suite de gravures pour illustrer les œuvres de Ducis, 10 pl.

69 — Tambour-major et porte-enseigne, 1790. 2 pl.

70 — Suite de gravures pour illustrer l'histoire des Jésuites de Boucher, 41 pièces.

71 — GÉRARD. Daphnis et Chloé. 4 pièces.

72 — DEVERIA. 9 planches pour illustrer Don Quichotte.

73 — Paris-Ischia, exempl. sur Japon.

74 — Catalogue de la collection Narischine. 15 eaux-fortes.

75 — Les Quatre Saisons, peint. en couleur sur vélin.

76 — Sept photographies.

77 — Eaux-fortes publiées par Cadart et Luce, 16 pl.

78 — Sujets et portraits. 10 pièces.

79 — STELLA. Jeux de l'enfance : 1 titre et 16 gravures en couleur. 17 pièces.

80 — WATELET. 5 pièces.

81 — Cinq portraits, 1 frontispice, 7 sujets.

82 — Deux lithographies religieuses et 1 eau-forte. 3 pièces.

83 — Trois eaux-fortes.

84 — VAN GOYEN. 1 dessin.

85 — Dessin original.

86 — DEVERIA. Suite pour illustrer Rabelais.

87 — NETHEL (Alfred). Danse du mort. 6 pièces.

88 — Deux portraits sur cuivre de Rosa, 1794.

89 — Un lot de 14 cartons, rouleaux renfermant des dessins, gravures, estampes, lithographies, etc., etc. (Sera divisé.)

90 — LUNA (Ch. de). Bataille. Aquarelle.

91 — NORIÉ. Militaires. Aquarelle.

92 — SCHEFFER (Arg.). Le Pleureur. Aquarelle.

93 — Visser (Georges). Vue prise en Italie.
Gouache.

94 — Visser (Georges). Les Bords de la Marne.
Gouache.

OBJETS D'ART ET DE CURIOSITÉ

95 — Bagues de sabre. Travail japonais. 8 pièces.

96 — Ivoires japonais anciens. Signés. Ces pièces
seront divisées.

97 — Album japonais : fleurs, oiseaux. Peinture
sur soie.

93 — Vase en écrin, forme bouteille, porcelaine
de Chine, ancienne famille rose.

99 — Tapis de table, soie et or; broderie sur
soie et or. Dragon impérial, tissu or fin.

100 — Statuette de Confucius. Vieux blanc de
Chine, pâte tendre.

101 — Plat, vieux cuivre martelé.

102 — Portraits de la famille royale. Cadre, bois
sculpté orné de fleurs de lis. 5 pièces.

103 — Miniature représentant le roi de Rome.
Signé : Isabey. Encadrée.

104 — Manches de couteaux. Travail japonais.
6 pièces.

105 — Kakemonos anciens japonais. Peinture
sur soie ; entourage en soie lamée d'or.

106 — Jade. Bonbonnière très finement tra-
vaillée.

107 — Gardes de sabres. Travail japonais très
fin. 4 pièces.

108 — Groupe, bois sculpté. Travail japonais.

109 — Flambeau, bronze argenté. Époque
Louis XVI.

110 — Éventail, monture nacre; gouache sur
peau. Signé : Donzel.

111 — Cartel, bronze. Époque Louis XVI.

112 — Buire, bronze, partie fumée. Époque
Louis XIV. (Paire.)

112 *bis*. — Murphy, d'après Mme la marquise de
Brehan. Marie-Antoinette. Superbe épreuve
avant la lettre, encadrée.

113 — Sous ce numéro seront vendus : livres
anciens et modernes, illustrés, romans, etc.;
musique; dessins, cartons de gravures, etc.
(Sera divisé.)

114 — Chevalet, etc.

115 — Objets divers.

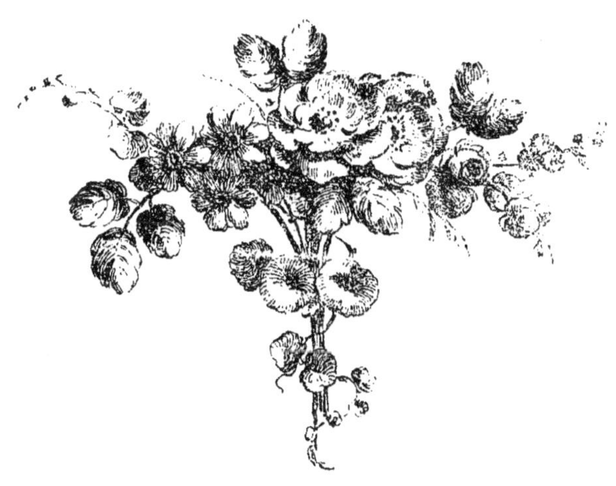